AF463676

NOTICE
SUR
SAINT GIRARD

DE BAZOUGES, PRÈS CHATEAU-GONTIER

Moine de Saint-Aubin d'Angers

PAR

LE CHANOINE MORICEAU

Doyen du Chapitre de Laval

LAVAL

ILLAND, IMP.-LIB. DE L'ÉVÊCHÉ

2, rue des Béliers (place des Arts).

NOTICE SUR SAINT GIRARD

IMPRIMATUR :

Laval, 1er février 1893.

LEMAITRE, *Vic. gén.*

NOTICE

SUR

SAINT GIRARD

DE BAZOUGES, PRÈS CHATEAU-GONTIER

Moine de Saint-Aubin d'Angers

PAR

LE CHANOINE MORICEAU

Doyen du Chapitre de Laval

LAVAL

CHAILLAND, IMP.-LIB. DE L'ÉVÊCHÉ

2, rue des Béliers (place des Arts)

PRÉFACE

Saint Girard, mort en 1123, se survivant dans son tombeau, était l'objet d'une singulière vénération dans tout l'Anjou jusqu'à la fin du dernier siècle. A cette époque néfaste où triomphait la révolution, la ville d'Angers fut particulièrement malheureuse : Saint Girard fut mis au nombre des morts dont on a perdu le souvenir, et il resta longtemps oublié. Enfin en 1863 le R. P. Dom Chamard le fit glorieusement revivre en lui donnant une place distinguée dans sa belle histoire des *Saints personnages de l'Anjou*.

*

Toutefois, afin de rendre notre admirable saint vraiment populaire comme il l'était dans les siècles précédents, il m'a paru nécessaire de publier une courte notice d'un prix très modique et qu'on pourra facilement propager. C'est une bonne œuvre de faire connaître et invoquer ce parfait modèle de toutes les vertus et en même temps ce thaumaturge qui s'est signalé par une infinité de miracles. Saint Girard est une grande gloire pour notre pays; il sera, si nous voulons, un puissant protecteur. Faisons des vœux pour que sa fête soit célébrée comme avant la révolution et son culte rétabli. Heureux les *dévots* de saint Girard qui viendront le prier dans *son* église de Bazouges qu'il aimait tant, dont il décorait les autels avec de si belles fleurs! Si comme ces pieux pèlerins qu'on voyait dans la basilique de Saint-Aubin, prosternés sur le tombeau de Girard, nous prions avec confiance, avec ferveur, pourquoi n'obtiendrions-nous pas les mêmes faveurs?

Saint Jérôme, le grand docteur de l'Eglise, voulant écrire la vie de saint Antoine, commence ainsi : « J'invoque l'Esprit-Saint qui a rempli de sa présence ce saint homme, c'est lui qui a formé ses vertus : qu'il daigne m'accorder son secours pour les raconter dignement. »

C'est sans doute une grande témérité de ma part, d'écrire la vie de saint Girard : mais je fais la prière de saint Jérôme et je me rassure.

I

Saint Girard naquit vers le milieu du onzième siècle dans cette partie de l'Anjou qu'on appelait le Craonnais, et qui appartient aujourd'hui au diocèse de Laval. Ses parents, riches et nobles, habitaient un château nommé Loiselière, à quelque distance de Bazouges, bourg alors important, qui est de nos jours comme un faubourg de Château-Gontier.

Dès ses premières années, Girard laissa présager ce qu'il serait un jour; car à peine se connut-il lui-même, qu'il commença à pratiquer la vertu avec beaucoup de perfection; et on peut dire de lui ce que l'Ecriture rapporte de

Tobie, que n'étant encore qu'un enfant, il n'avait toutefois rien de l'enfant. Toutes ses inclinations le portaient à l'amour de Dieu, au silence, à la prière. Ses parents très pieux et très éclairés, et les maîtres choisis qu'ils s'adjoignirent, cultivèrent avec soin ces germes précieux; mais ils durent bientôt reconnaître que l'Esprit-Saint entendait diriger lui-même la formation de cette âme prédestinée, et que le bienheureux enfant, s'attachant avec transport au divin précepteur, se fixait entièrement en Dieu.

Elevé à ces hauteurs, rempli de cette sagesse, goûtant le don de Dieu, Girard n'eut dès lors que du mépris pour le monde et les choses du monde, et non seulement il ne montra aucun attrait pour les plaisirs, pour les vanités, pour les satisfactions des sens, mais il se condamna dès ses premières années à de rudes pénitences : les prières prolongées, les jeûnes, les disciplines, tous les genres de mortifications, telles étaient ses délices.

Si la dévotion tendre et expansive envers Jésus et sa divine Mère, dit le grand évêque de Poitiers, Mgr Pie, est assez familière aux saints de cet âge, on sait que l'austérité, le détachement, l'esprit de pauvreté, l'amour de la pénitence et de la mortification, n'ont pas coutume de fleurir si précocement dans le jardin des plus belles âmes. Il faut donc reconnaître en Girard une grâce extraordinaire, une vertu divine qui l'élève au-dessus de l'ordre naturel, et lui inspire de l'horreur pour tout ce que la nature recherche, et de l'amour pour ce que la nature abhorre. Ainsi affranchi de la tyrannie des sens, le saint enfant peut dire avec l'Apôtre : « Oui, je vis de la vie véritable, mais c'est Jésus-Christ qui vit en moi. »

Aussitôt que son âge le permit, il fut appliqué à l'étude des éléments de la religion et des lettres; mais il se montra plus épris des choses de Dieu que de celles du monde. Comme il se sentait appelé à une vie de prière et toute recueillie en Dieu, il ne voulut mêler aux saintes pensées qui remplissaient déjà son âme aucune pensée étrangère. Saint Jérôme, dans une lettre à la vierge Eustochium, rapporte qu'il fut sévèrement repris par Jésus-Christ, et rudement châtié par un Ange, parce que, dans la solitude de Bethléem, il se rappelait avec trop de complaisance Cicéron, Plaute et autres Latins et Grecs. Girard n'eut point à craindre cette sorte de réprimande. Jésus-Christ seul et Jésus-Christ crucifié, c'est toute la science que voulait l'Apôtre pour convertir le monde : c'est toute la science que rechercha le bienheureux. Tous les trésors de la science et de la sagesse, en effet, ne sont-ils pas cachés dans le Christ ? Pourquoi rechercher d'autres instructions puisque le Verbe fait homme, la Science même, nous a parlé, et que la Sagesse pour nous enseigner a fait devant nous tout ce qu'il faut faire, et que la Vérité elle-même s'est manifestée à nos esprits et s'est rendue sensible à nos yeux? Mais si le divin Maître a tellement disposé sa vie que par elle toutes les choses nécessaires pour conduire à la perfection sont très évidemment décidées, nous les lisons bien plus efficacement dans sa passion et sa mort. C'est ce que comprit notre bienheureux et c'est ainsi que dès l'âge le plus tendre il put dire avec saint Paul : que les sages du monde se glorifient dans leurs inutiles curiosités; pour moi, si Dieu permet que je sache Jésus-Christ crucifié, ma science sera parfaite et mes désirs seront accomplis.

Notre saint, suivant l'usage dans ces temps, apprit par cœur le psautier, c'est-à-dire, les cent cinquante cantiques qui composent ce livre divin. Il put dès lors offrir à Dieu des louanges et des prières dignes de la Souveraine Majesté, puisque ces saintes prières, l'Esprit-Saint qui les a inspirées, les fait goûter et en quelque sorte comprendre à l'âme pieuse et attentive.

Avec le psautier, Girard avait appris les hymnes, les répons, les cantiques, les homélies, en un mot, toutes les paroles sacrées des offices de l'Eglise. Or, ces prières de la liturgie ne renferment-elles pas dans leur ensemble un enseignement complet, très sûr et facile, des vérités de la religion? Les impies ne l'ignorent pas : voilà pourquoi le psautier et le paroissien sont de nos jours, comme le Crucifix, interdits dans les écoles publiques. Il faudrait être bien aveugle pour ne pas voir dans cette suppression l'œuvre de Satan.

Notre pieux gentilhomme ayant enrichi sa mémoire de ces saintes prières, pouvait prendre une part active aux offices du jour et de la nuit. Comme on rapporte que ses prières étaient prolongées, il est à croire qu'il aura de bonne heure ajouté à l'office liturgique celui de la sainte Vierge, celui des morts, peut-être le psautier tout entier suivant l'usage d'un grand nombre de saints personnages à cette époque. C'est dans ces années-là qu'une duchesse de Bretagne, la vénérable Ermengarde, se trouvant trop occupée par le gouvernement de ses Etats, priait le B. Robert d'Arbrissel de la dispenser d'une partie de ses prières ; le saint directeur lui répondait : « Comme vous avez beaucoup d'affaires, faites de *courtes prières :* entendez le matin les heures canoniales, prime, tierce, sexte et none, et le soir vêpres et complies ; récitez tous les jours les heures de la sainte Vierge. » C'étaient les *courtes prières* prescrites à une princesse qui gouvernait la Bretagne (1).

(1) Le général de Sonis écrivait à son ami Sar-

Girard consacrait ainsi à la prière une grande partie de sa vie; le reste du temps il l'employait au travail, car il craignait surtout l'oisiveté, et il se faisait une loi à laquelle il fut toujours fidèle, de gagner son pain à la sueur de son front, suivant l'antique précepte. Il s'occupait de la culture des champs et de la vigne. Dans un jardin qui environnait sa modeste demeure, il cultivait avec soin des fleurs pour sa chère église de Bazouges; c'était son bonheur de la décorer, d'orner ses autels et même de la balayer.

Ainsi s'écoulèrent les années de l'en-

lat, moine de Solesmes : « Je ne sais rien de consolant comme la prière, rien de grand comme les cérémonies de l'Eglise, rien de beau comme la liturgie; je n'ai jamais trouvé d'offices assez longs, et j'ai toujours quitté l'église avec peine; je puis dire que le temps que j'y ai passé est le meilleur temps de ma vie. » Ce grand chrétien passait souvent des nuits entières aux pieds des autels. Il récitait exactement l'office de la sainte Vierge; il essaya de réciter le grand office, mais il dut y renoncer parce que le temps lui manquait.

fance et de la jeunesse; toujours en la présence de Dieu, doux et humble de cœur, il était bon et bienveillant pour tous; jamais, remarque son historien, jamais une seule parole de médisance ou même déplacée ne souilla ses lèvres virginales, tant il est vrai que la *paix de Dieu, qui surpasse tout sentiment, gardait son cœur et son esprit en Jésus-Christ* (S. Paul aux Philip.).

II

La lumière de la grâce croissant de jour en jour en son âme, le bienheureux Girard résolut de se donner plus entièrement à Dieu en se consacrant au service des autels : à quel âge, dans quelles circonstances prit-il cette résolution, son historien ne le dit pas; mais il est certain qu'une vie aussi sainte, aussi mortifiée, était une préparation parfaite à l'ordination sacrée. L'évêque d'Angers, qui était peut-être le vénérable Brunon, dut lui imposer les mains. Or, dit Bossuet, lorsque l'évêque ouvre ses mains sur nos têtes, Dieu verse à pleines mains dans les âmes la plénitude de son Saint-Esprit. Le prêtre, selon saint Chrysostome, devient un autre Jésus-Christ. Que le sacrement ait produit dans l'âme de notre saint ordinand ces puissants, ces divins effets, on n'en saurait douter. Alors, comment exprimer l'angélique piété du jeune prêtre, montant à l'autel, offrant le saint sacrifice? Tout ce qu'on peut dire, c'est qu'il célébrait rarement les saints mystères sans arroser l'autel de ses larmes, qu'il était un spectacle à ravir le ciel et à toucher vivement les assistants.

Girard eut bientôt à remplir un ministère important : il fut chargé de l'administration spirituelle de la paroisse de Bazouges. Dans cette position nouvelle, loin de diminuer les rigueurs qu'il exerçait sur son corps, il crut devoir redoubler ses jeûnes, multiplier ses prières et ses aumônes et pratiquer un détachement plus universel. Il se livra tout entier au salut des âmes confiées à ses soins, à la correction des pécheurs, à la visite des pauvres et des infirmes. Sa bonté pleine de tendresse le fit regarder comme le père des pauvres ; ses instructions simples et familières, mais solides et pleines d'onction touchaient vivement les cœurs; s'il se rencontrait des pécheurs obstinés qu'il ne pouvait ramener par les moyens ordinaires, si dans ces temps où les passions étaient d'une extrême violence, il s'élevait des discordes qui résistaient aux efforts de son zèle, il se livrait à des pénitences effrayantes tant pour apaiser la colère de Dieu irrité par le péché, que pour fléchir des cœurs endurcis. Il pensait que les larmes du père affligé qui déplore les erreurs de son prodigue, lui font mieux sentir son égarement que les discours les plus éloquents.

Quels furent les fruits d'un zèle si vraiment apostolique?

Son historien se contente de dire que les effets furent merveilleux. Or, quels pouvaient être ces effets merveilleux, sinon la réforme des mœurs et un vigoureux épanouissement des vertus chrétiennes. Mais si consolante que devait être cette fécondité de son ministère, Girard était loin d'être satisfait. Accoutumé dès sa tendre enfance à communiquer avec Dieu, il ne pouvait vivre un moment sans lui : semblable à des amis empressés qui contractent une habitude si forte de converser librement ensemble que la moindre séparation ne leur paraît pas supportable, il se faisait une violence continuelle pour s'arracher à la société de Jésus-Christ, et appliquer son esprit aux devoirs de sa charge. D'un autre côté, dit son historien, considérant que le monde est assis sur un trône de perversité et de mensonge, qu'il entraîne comme un torrent ceux qui sont à sa portée dans l'abîme du vice et des jouissances coupables, Girard se prit à réfléchir que le moyen d'échapper à tant de périls était de briser tous les liens qui l'attachaient à la terre, et de suivre dans la pauvreté le Christ qui s'est fait pauvre pour nous. Suivant généreusement la parole du divin Maître, le bienheureux dit adieu à sa famille et à sa paroisse, abandonne tout ce qu'il possède, et va frapper à la porte de l'abbaye de Saint-Aubin à Angers.

III

C'est vers l'an 1084 ou 1085. A cette époque le Seigneur, qui voulait ranimer dans l'Eglise l'esprit de prière et de pénitence, avait suscité partout de puissants réformateurs ; en Italie, en France, saint Bernard et les Cisterciens, saint Bruno et les Chartreux, saint Norbert et les Prémontrés. C'est dans ces années que le B. Robert d'Arbrissel, caché d'abord dans un coin de la forêt de Craon, parcourait ensuite, par ordre du pape saint Urbain, les provinces de l'Ouest, produisant partout un mouvement prodigieux de conversions, établissant ou réformant de nombreux monastères, et fondant enfin la célèbre abbaye de Fontevrault. Sous l'influence de cet esprit de vie qui ranimait en tous les lieux la piété, une grande réforme s'était opérée dans l'abbaye de Saint-Aubin. Cette abbaye, fondée en 551 sous le vocable du saint évêque d'Angers, après plusieurs siècles de régularité et de ferveur, était tombée dans le relâchement et le désordre.

L'évêque d'Angers nommé Néfingue, de concert avec Geoffroi Grisegonelle, comte d'Anjou, entreprit de la réformer. Il mit à la tête un homme de Dieu, nommé Girard, qui sut, avec une prudence et une sagesse remarquables, opérer en peu de temps un changement complet. Girard ne pouvait ignorer cette nouvelle prospérité de Saint-Aubin; il comprit qu'il allait trouver dans ce champ la perle précieuse de l'Evangile, et la pleine satisfaction de ses pieux désirs. Comme il s'était exercé depuis son enfance, aux vertus religieuses sous la direction du Saint-Esprit, il entra dans le monastère résolu de les pratiquer avec une nouvelle ardeur et plus de perfection. On vit aussitôt qu'il oubliait ce qu'il avait été dans le monde, et ne cherchait qu'à le faire oublier aux autres en prenant partout la dernière place et en s'appliquant à rendre à ses frères les services les plus humbles.

Il fut dès lors considéré comme un modèle dans le monastère ; car il était le plus diligent aux veilles, le plus soigneux pour l'observance de la règle, le plus prompt à l'obéissance, le plus assidu dans le travail, le plus humble dans l'exercice des ministères du cloître, et le plus admirable en modestie et en douceur, en sorte que les anciens, consommés déjà dans la pratique de toutes les vertus, le regardaient comme un maître auprès duquel ils n'étaient que des enfants. Pour lui, il n'était à ses yeux qu'un pêcheur misérable, un criminel indigne ; aussi il ne désirait rien tant que les humiliations et les mépris, et ne recherchait de consolation que dans les souffrances qu'il infligeait à son corps avec une rigueur implacable.

Le saint religieux donna un jour un exemple touchant de son humilité. Comme les Frères étaient réunis en chapitre, il alla se prosterner au milieu de l'assemblée, et à l'imitation de l'apôtre saint Paul, il découvrit publiquement les infirmités de sa chair, et les tentations de Satan, imaginations impures et abominables, songes accablants pendant la nuit, troubles et agitations intérieures qui le bouleversaient, et supplia les Frères d'avoir pitié de lui. Cet acte de courage et quelques paroles consolantes de l'abbé mirent le démon en fuite, et rendirent pour toujours la paix au bienheureux.

Celui qui s'humilie sera exalté : cette parole du divin Maître eut son accomplissement dans l'humble serviteur de Dieu : plus il recherchait le mépris et l'abjection, plus l'abbé et ses religieux le vénéraient; admirant une perfection si éminente, ils le jugèrent propre à former les autres et à les gouverner. Or, dans ce temps, le seigneur de Montreuil-Bellai venait d'offrir un de ses domaines pour y fonder un prieuré. Cet établissement était important, mais il n'était pas sans difficulté : comme Girard pouvait mieux réussir que tout autre par l'ascendant de sa vertu et de son intelligence; il fut choisi pour cette fondation.

IV

Ayant reçu cette mission, Girard se rendit sur les lieux; il commença par construire un oratoire en l'honneur de sainte Marie-Magdelaine pour laquelle il avait une dévotion singulière, et pour lui-même une petite cabane de branchage où il se proposa de mener la vie des anciens moines de la Thébaïde. Le matin, après de longues heures consacrées à la prière, il célébrait les saints mystères auxquels assistaient tous les laboureurs, les vignerons et autres attachés à la culture des terres du prieuré. Il vivait avec eux comme un père avec ses enfants ; il partageait leurs travaux, mais on ne peut pas dire qu'il partageait leur nourriture, car aussi indulgent pour eux que sévère pour lui-même, il leur servait une nourriture fortifiante de pain et de vin qu'il se refusait à lui-même, comme nous verrons plus loin.

C'est un oracle de l'Esprit-Saint que celui qui veut vivre pieusement au service de Dieu, doit être éprouvé par quelque persécution ; car s'il a fallu que le Sauveur souffrît pour entrer dans la gloire, il est nécessaire que ses serviteurs passent eux aussi par beaucoup de tribulations. Le persécuteur de saint Girard fut un baron des environs nommé Josrède. Cet homme puissant, esclave des passions les plus violentes, fut le ministre des fureurs de Satan contre le bienheureux. On ne saurait croire combien il lui suscita de vexations de toutes sortes. Jamais Girard ne se plaignit ;

jamais à toutes les violences il n'opposa qu'une invincible patience ; il ne se laissa pas vaincre par le mal, mais il ne put jamais par le bien triompher du mal, car ce qui aurait dû toucher le cruel baron ne faisait que l'irriter davantage.

Dix ans après l'arrivée de Girard dans le pays, Josrède, on ne sait pourquoi, plus furieux que jamais, résolut d'en finir et de détruire tous les ouvrages du prieuré. Suivi d'une troupe nombreuse, le fer et le feu à la main, il se précipite sur les campagnes arrosées par les sueurs du serviteur de Dieu, et vient investir son pauvre manoir. Mais le bienheureux, averti surnaturellement, avait mis son personnel en sûreté, et s'était retiré lui-même, avec les bestiaux et les provisions, dans une maison assise sur un rocher et naturellement fortifiée. Josrède avec ses hommes vient l'assiéger : il lance des matières inflammables pour y mettre le feu et la consumer avec tout ce qu'elle renferme. Mais ce fut en vain. Girard prosterné dans son oratoire supplie le Seigneur de secourir ses serviteurs. Le Seigneur exauce sa prière : par un prodige évident, Josrède, malgré tous ses efforts pour mettre le feu, ne peut y parvenir, il est obligé de se retirer avec ses hommes, couvert de confusion.

Le saint prieur était résolu de garder un silence absolu sur cet évènement; mais ses gens ne se crurent pas obligés au même secret. L'abbé de Saint-Aubin fut informé de ce qui s'était passé; il ne voulut pas laisser plus longtemps son saint religieux exposé à de semblables dangers; il le rappela à l'abbaye et peu de temps après il lui donna mission de fonder une autre maison.

Ce nouveau prieuré était situé sur la paroisse de Jarzé et sur les limites de celle de Sermaise. Le pieux prieur le plaça, comme le précédent, sous le vocable et la protection de Marie-Magdelaine, sa sainte de prédilection.

On rapporte que Girard, étant à Jarzé, redoubla ses pénitences déjà si rigoureuses; ce fut à tel point que ses religieux en étaient effrayés; l'un d'eux, nommé Ulger, se crut même obligé de le dénoncer à l'abbé de Saint-Aubin comme homicide de lui-même et se laissant mourir de faim. D'un autre côté il était tourmenté par le démon qui lui apparaissait sous des formes horribles pour l'épouvanter. Ce fut à Jarzé que le prince des milices infernales lui livra le plus terrible assaut. Pendant que les Frères prenaient un moment de repos vers le milieu du jour, Satan apparut avec une troupe innombrable de démons, prêt à se précipiter sur le serviteur de Dieu pour l'étouffer. Girard ne se laissa pas effrayer; il leva les yeux au ciel, il implora le secours de Jésus et de Marie, et s'armant du signe de la croix, il mit en fuite toute l'armée de l'enfer. Les démons en disparaissant produisirent un bruit épouvantable et une commotion si violente que les moines réveillés en sursaut crurent que le prieuré était renversé. Pour Girard, les yeux levés au ciel, il contemplait Jésus-Christ lui-même qui le regardait avec une tendresse inexprimable et le bénissait. Depuis cette vision il ne craignit plus le démon, bien que celui-ci revînt parfois à la charge.

Peu de temps après cet évènement Girard fut rappelé à Saint-Aubin. Plein de jours et plein de mérites il voyait avec une douce confiance approcher l'éternité ; mais n'ayant rien moins que Jésus-Christ pour modèle, il se croyait obligé d'avancer toujours, et comme l'Apôtre, oubliant ce qui était derrière, il s'étendait au-devant de toute sa force. Pour n'être jamais flatté de ce qu'il avait fait, il ne considérait que ce qui lui restait à faire : car celui qui se plaît en lui-même, dit saint Chrysostome, et se glorifie de ses bonnes œuvres, ravage sa propre moisson et détruit sa propre maison.

V

Si notre délicatesse moderne se trouvait choquée de tant de pénitences et de mortifications, si pour notre christianisme affaibli, Girard était un sujet de scandale plutôt que d'édification, il faudrait cependant convenir qu'il a été constamment conduit par l'Esprit de Dieu, qu'il s'est toujours et en tout conformé à Jésus Christ, et qu'enfin il a suivi la voie des saints les plus illustres. Ce que l'Evangile rapporte de Notre-Seigneur, l'histoire le raconte du bienheureux. Le Fils de Dieu si riche, a été sur la terre le plus pauvre des hommes : Girard, né dans l'opulence, s'est dépouillé de tout pour être absolument pauvre. Jésus-Christ, le saint des saints, a été le plus pénitent, s'étant chargé des péchés des hommes : Girard, quoiqu'il eut conservé l'innocence baptismale, s'est regardé comme un pécheur, ayant à expier les plus grands crimes. Le Sauveur, souverainement libre et indépendant, a voulu obéir et obéir jusqu'à la mort de la croix : Son fidèle serviteur, qui pouvait vivre dans une honorable indépendance, s'est fait le plus petit, le plus humble, le plus obéissant de ses frères. Toute la vie de Jésus-Christ n'a été qu'une croix et un long martyre; courbé et humilié sous le poids honteux de nos iniquités, il ne voulut en être déchargé qu'en portant la peine qui leur est due, qu'en mourant sur un gibet infâme dans un abîme d'ignominie : Girard, les *yeux fixés sur le divin auteur et consommateur de notre salut*, a toujours voulu marcher sur ses traces. Voilà le secret de cette vie qui ne fut, comme celle du Sauveur, qu'une croix et un martyre continuel.

Nous avons vu comment dès sa tendre enfance il avait été pénitent : en avançant dans la vie, comme il ne cessa point d'ajouter de nouvelles austérités, il était arrivé dans ses dernières années à un état incompréhensible : il faisait un carême continuel, durant lequel un peu de pain d'orge pétri avec de l'eau mêlée de cendre, était toute sa nourriture : de l'eau dans laquelle il faisait cuire des feuilles de laurier, étanchait sa soif. Il ne prenait cette chétive nourriture qu'à l'approche de la nuit : de peur de manger pour le plaisir, il attendait la dernière nécessité. C'était encore trop accorder à la nature : lorsqu'il revint de Jarzé il renonça tout à fait au pain d'orge mêlé de cendre, il ne vécut plus que d'herbes crues ou d'oignons et de noix, et pendant les sept dernières années de sa vie aucun liquide n'entra dans sa bouche.

Toutefois ce n'est qu'une partie de sa pénitence. Jamais un criminel au fond d'un cachot ne fut traité plus rigoureusement. A son cou était suspendu un lourd collier de fer à l'extrémité duquel était attachée une pierre encore plus pesante; sous son cilice garni de pointes de fer, il portait autour des reins une ceinture de fer large de trois doigts. A chaque bras, sous les aisselles, un anneau de fer, et au-dessus des mains deux autres anneaux aussi de fer le tourmentaient jour et nuit. Les jambes et les cuisses avaient aussi des cercles de fer. Il aggravait encore ces tortures volontaires par la rudesse de la couche sur laquelle il prenait son peu de repos: la terre nue sur laquelle il plaçait un paquet de jonc avec une pierre brute en guise d'oreiller, tel était le lit de cet incomparable athlète de Jésus-Christ.

Malgré ce martyre continuel, la sérénité de son visage ne parut jamais altérée; tout le monde admirait son air de santé et de bonheur.

Les moines de Saint-Aubin, dans l'admiration d'une si grande vertu, se faisaient un devoir de la favoriser par tous les moyens; ils lui construisirent tout près de l'église une petite cellule, sorte de tombeau, de cinq pieds de longueur sur deux et demi de largeur. C'est là que, jusqu'aux derniers jours de sa vie, Girard se livra sans réserve aux larmes, aux veilles, à une oraison continuelle; de sa cellule il passait dans la basilique pour l'office de la nuit, mais il était arrivé longtemps avant l'heure, et il sortait longtemps après les autres. Cependant, dit le P. Chamard, les effrayants instruments de pénitence qui couvraient depuis la tête jusqu'aux pieds les membres de notre admirable reclus, pénétrèrent peu à peu dans la chair et formèrent des plaies horribles, particulièrement à l'un des pieds. Loin de se plaindre de cet accident, le bienheureux n'y voyait au contraire qu'un moyen d'offrir de nouvelles souffrances à Jésus-Christ son Sauveur. Son cœur, comme celui des martyrs, surabondait de joie au milieu des tourments, et sa bouche chantait continuellement des cantiques d'actions de grâces à celui qui daignait, disait-il, le châtier sur cette terre dans le but de le couronner dans le ciel. Néanmoins les plaies devinrent si profondes qu'il fut réduit à l'impuissance de faire un pas. On le porta dans l'appartement destiné aux infirmes, et ses frères, sans le prévenir, dressèrent un petit lit sur lequel ils placèrent un coussin assez moelleux qu'ils eurent soin de couvrir de paille pour le dérober aux yeux du malade; mais celui-ci reconnut la fraude; il dispersa la paille avec son bâton, et mettant à découvert ce qu'on y avait caché, il ordonna de rejeter loin de luì cet adoucissement si peu conforme à ses habitudes; après quoi il fit étendre son cilice sur des morceaux de bois et sur des pierres, et s'y fit placer en protestant que cette couche était la plus noble et la plus douce qui fût au monde, puisqu'elle avait été celle du Roi des rois. Il recommanda ensuite de ne laisser entrer personne dans la chambre; comme on lui en demandait la raison : j'ai avec moi, répondit-il, un médecin qui d'un seul signe de sa volonté rend la vie à tout ce qui l'a perdue. Trois semaines entières se passèrent dans cette situation au milieu de douleurs inexprimables, et cependant cette âme forte ne cessait de chanter les louanges de Dieu. Enfin, une nuit qu'il venait de terminer ses prières interrompues comme à l'ordinaire par des larmes de componction, il s'assoupit. Pendant son sommeil un vieillard lui apparut, fit sur le pied malade le signe de la croix et disparut. Le bienheureux se réveillant aussitôt, appela les Frères et leur raconta sa vision ; il délia lui-même les bandages qui enveloppaient la blessure ; il vit que la peau était rompue en forme de croix avec autant de netteté que si l'incision avait été faite par un chirurgien : une sanie commença à couler, et au bout de quelques jours, la plaie se ferma et fut entièrement guérie.

Le saint, en mémoire de cet évènement, ajouta une masse de plomb au cercle de fer qu'il portait au cou.

Il est permis de croire que ce vieillard vénérable était Notre-Seigneur lui-même qui venait secourir son fidèle serviteur. Une autre visite dut singulièrement réjouir le bienheureux : une nuit qu'il veillait à l'ordinaire dans la basilique du monastère, la Mère de Dieu lui apparut rayonnante de grâce et de tendresse : étendant la main sur sa tête, elle l'assura que sa pénitence était très agréable à son Fils, et lui fit la promesse de lui servir de mère toute sa vie et particulièrement à l'heure de la mort. Nous verrons comment s'accomplit cette promesse si consolante.

VI

Quand j'aurai été élevé en croix, disait le divin Sauveur, quand j'aurai répandu mon sang, je tirerai à moi toutes choses, montrant par ces paroles que sa mort et sa croix imprimées dans son corps et portées par ses apôtres et par ses fidèles serviteurs dans tous les lieux et dans tous les temps, devaient lui attirer tout le monde. C'est ainsi que le grand Apôtre, accomplissant par ses souffrances ce qui manque à la passion de son Maître, attire à lui la multitude des nations.

C'est pour continuer l'œuvre des apôtres et des martyrs, c'est pour être l'auxiliaire de Jésus-Christ, et lui ramener le monde qui tend toujours à s'éloigner, c'est pour cela que notre bienheureux, dans sa pauvre cellule, répand son sang sous son cruel cilice et se tient si fortement attaché à la croix : *il accomplit ce qui manque à la passion de Jésus-Christ, il lui attire des âmes.*

Pendant ce temps-là et dans le même pays, Robert d'Arbrissel, revêtu d'un sac, les pieds nus, sans besace et sans bâton, plus encore par l'exemple d'une vie aussi austère que par son admirable éloquence, ramenait à Dieu des multitudes innombrables et produisait dans l'Anjou et dans les provinces voisines un mouvement extraordinaire de conversions. Toutes ces choses se passaient sous les yeux de notre saint pénitent. Ne devait-il pas vivement s'y intéresser? Ne pouvons-nous pas assurer qu'il était pour Robert, dans ce prodigieux renouvellement de la vie chrétienne, un puissant auxiliaire? Robert semait et arrosait. Girard, par sa pénitence, obtenait la grâce qui fait croître et mûrir la moisson.

VII

Le Seigneur, pour récompenser une vertu si éminente, favorisa Girard de grâces extraordinaires. Il lui donna un grand pouvoir sur les esprits immondes; plusieurs malheureux tourmentés par le démon lui durent leur délivrance. Girard avait une grâce spéciale pour obtenir la délivrance des âmes du purgatoire. L'auteur de sa vie rapporte plusieurs exemples de ce pouvoir exercé par le bienheureux, entre autres la délivrance de deux religieux de Saint-Aubin, Guy et Pierre, récemment décédés. Il lisait dans les consciences; il découvrit plusieurs fois des péchés que la honte aurait toujours cachés, et aida des âmes malheureuses à vomir le poison qui les tuait.

Le saint religieux, du fond de sa cellule, contemplait au loin des évènements qu'il annonçait au moment précis où ils s'accomplissaient. Il connut ainsi le naufrage où périt le prince Guillaume, fils aîné de Henri Ier, roi d'Angleterre (25 novembre 1120). Guillaume venait de célébrer ses fiançailles avec Mathilde d'Anjou; avant de s'embarquer à Honfleur, il s'était, avec ses compagnons, plongé dans les plaisirs, et avait repoussé avec un mépris impie les prières que les prêtres voulaient adresser pour lui à Dieu. A peine embarqué, le vaisseau s'étant brisé contre un écueil, Guillaume avec tous ses compagnons est englouti dans les flots. Girard, prosterné selon sa coutume aux pieds des autels, jette tout à coup des soupirs et des cris de douleur en versant un torrent de larmes : les Frères accourent et l'interrogent sur le sujet d'un chagrin si extraordinaire. Hélas ! s'écrie-t-il, hélas ! mes Frères, j'ai vu périr le prince Guillaume et trois cents personnes qui montaient le même navire que lui, et le prince et le plus grand nombre sont condamnés à l'enfer. En effet, on ne tarda pas à être informé de la catastrophe (1).

Une autre fois le bienheureux, se trouvant au Lion-d'Angers, se mit soudain à pousser des soupirs et des sanglots : Hélas! s'écria-t-il, le trop fameux Borel de Saumur vient d'être précipité dans l'enfer. Ce Borel était un odieux brigand qui avait maintes fois pillé, volé, trompé les religieux. On apprit quelques jours après qu'au moment précis indi-

(1) Mathilde d'Anjou était montée la veille sur un autre vaisseau avec le roi.

qué par Girard, Borel avait rendu le dernier soupir.

Le 22 juillet 1098 la célèbre basilique de l'abbaye de Vezelay, au diocèse d'Autun, fut incendiée : une grande multitude d'hommes, de femmes et d'enfants, venus pour la fête de sainte Marie-Magdelaine, périt dans les flammes. Girard connut le triste évènement et les causes physiques et morales qui l'avaient produit; il l'annonça à un moine de cette abbaye qui se trouvait à Saint-Aubin. Par quelle voie, lui demanda celui-ci, avez-vous appris une telle nouvelle? Dieu lui-même me l'a fait connaître, répondit Girard. Ainsi, quand vous serez de retour parmi vos Frères, conjurez-les d'offrir à Dieu de ferventes prières pour les malheureux défunts, parce que plusieurs en recevront un grand soulagement. Le moine prit aussitôt le chemin de Vezelay, et vit que le saint l'avait bien informé.

Le 29 janvier 1119, Girard apprit de la même manière à ses confrères que le pape Gélase II venait de mourir à Cluny, à plus de cent lieues d'Angers.

Il faut encore rapporter un autre fait qui montre la charité de Girard et l'efficacité de sa prière. Il avait été envoyé à Monterre-Silly, à une lieue de Loudun, pour surveiller la construction d'un oratoire. Au moment où il était occupé à ce travail, il s'arrêta subitement et se prosterna en terre en pleurant à chaudes larmes. Hélas! hélas! s'écria-t-il, le démon vient d'exciter, dans la foire qui se tient en ce moment à Saumur, des rixes épouvantables; si on ne fléchit la colère de Dieu, des meurtres, des massacres vont être commis. En effet, on apprit, quelques jours après, qu'il s'était élevé un grand tumulte avec des querelles sanglantes pendant la foire de Saumur; mais que peu à peu, on ne sait comment, l'agitation avait cessé complètement.

VIII

Le bienheureux Girard étant un pénitent si mortifié devait, selon l'ordre de la divine Providence, prendre rang parmi les thaumaturges les plus illustres. Les historiens contemporains, en effet, rapportent un grand nombre de miracles opérés par le saint. Mais on voit qu'il n'usait de son pouvoir qu'avec répugnance et seulement lorsqu'il était forcé par la charité. Chose remarquable, presque tous les miracles de l'humble moine ont été faits par le moyen de quelque portion de sa pauvre nourriture. Ainsi, pendant qu'il était prieur de Jarzé, le desservant de la paroisse, nommé Rainaud, fut atteint de fièvres très pernicieuses; voyant tous les moyens humains inutiles, insensé, se dit-il, je cherche de toutes parts des médecins, et j'oublie qu'il en existe un à quelques pas d'ici, dont les remèdes sont infaillibles. Il se rend sans retard auprès du bienheureux : celui-ci lui donne quelques morceaux des fruits dont il se nourrit, et le malade est entièrement guéri.

Saint Bernard, prêchant à Sarlat, annonça à la fin d'un sermon qu'il allait bénir du pain et que tous les malades et infirmes qui en mangeraient seraient guéris à l'instant. La prédiction du grand thaumaturge s'accomplit exactement sous les yeux d'une immense multitude. De même, pour montrer combien la mortification de Girard lui était agréable, le Seigneur se plaisait à donner cette vertu surnaturelle au pain et aux fruits qu'il bénissait. Le bruit de ces guérisons se répandit bientôt dans le pays et les contrées voisines : on accourut de tous côtés à Saint-Aubin, tellement qu'il fallut établir un certain ordre dans la distribution de ces eulogies. Le P. Audouin, procureur de l'abbaye, présentait au saint du pain, du vin et des fruits, et distribuait ces objets bénis à la foule qui se pressait à la porte du couvent.

Les historiens contemporains rapportent un grand nombre d'autres faits merveilleux : tantôt c'est un villageois que le bienheureux, assis sur un tapis de verdure, délivre miraculeusement de la morsure d'un énorme serpent; tantôt c'est un renard qui dévaste les moissons et les vignes et qui, poursuivi par les vignerons, vient se refugier tout tremblant sur les genoux du bienheureux alors en prière près de son oratoire. Girard, touché de compassion, caresse un instant cette bête devenue douce comme un agneau, et en écarte les chiens et les chasseurs; puis l'interpellant avec une simplicité charmante : Pourquoi, lui dit-il, méchante petite bête, pourquoi causais-tu de si grands dommages à nos gens? Vois, tu as été sur le point d'être prise et livrée à la mort; garde-toi donc de retomber dans tes méfaits ; si tu les réitères et que tu sois prise, tu n'auras d'autre garantie que ta peau. En parlant ainsi il caressait l'animal, qui l'écoutait avec une attention qu'on eut dit intelligente. Après l'avoir gardé quelque temps à l'ombre de ses vêtements, il le renvoya dans sa tanière : on assure que le renard cessa désormais de poursuivre les pauvres du pays.

C'est ainsi que saint François, un siècle plus tard, apprivoisait le loup de Gubbio et lui permettait de se promener tranquillement dans la ville sans troubler les habitants. On sait comment ce grand saint appelait les oiseaux autour de lui et les exhortait à bénir avec lui le Seigneur. Pour notre bienheureux Girard, voici ce que rapporte son historien : plusieurs témoins ont affirmé avoir vu avec stupeur et admiration les petits oiseaux des champs, qui fuient d'ordinaire la présence des hommes, venir se reposer sur lui, et recevoir de sa main la nourriture dont ils avaient besoin, et lorsqu'ils étaient rassasiés, se retirer joyeux pour faire place à d'autres ni moins hardis ni moins familiers que les premiers (1).

(1) Les animaux qui comparurent devant Adam avant son péché, soumis et obéissants, ont souvent montré aux serviteurs de Dieu les mêmes dispositions de respect : les bêtes les plus sauvages oubliaient leur férocité aux pieds des martyrs ; des lions et des tigres formaient comme une garde d'honneur autour de saint Blaise sur le mont Argé ; des corbeaux apportaient à des solitaires le pain quotidien. On lit dans la vie de saint Joseph de Cupertino cette charmante histoire : Ce saint un jour exhortant les religieuses de sainte Claire à bien réciter leur office, leur dit qu'il enverrait un petit oiseau stimuler leur zèle. En effet, à la première réunion des religieuses, on vit paraître sur la fenêtre du chœur un joli passereau solitaire : l'oiseau se montra ainsi tous les jours aux offices du matin et du soir : son chant prévenait celui des religieuses, et par ses accords extraordinaires il semblait les inviter

IX

Il y avait plus de trente-huit ans que Girard était entré à Saint-Aubin. Son corps épuisé par tant d'austérités ne pouvait plus le soutenir. Cependant l'infirmité ne lui fit rien changer dans ses habitudes; il assistait à l'office appuyé sur un bâton, ou assis à terre ou prosterné sur une natte de jonc en dehors des rangs des religieux.

Il eut le désir de revoir une dernière fois son ancien prieuré du Brossay; il se fit monter sur un âne et il arriva

à célébrer dignement les louanges de leur commun Maître. L'office achevé, l'oiseau disparaissait; il revenait tous les jours aux mêmes heures sans y manquer jamais pendant cinq ans. Mais une insulte qui lui fut faite, par une Sœur, le fit s'éloigner. Les religieuses s'en plaignirent au saint : le passereau a bien fait, dit Joseph; pourquoi l'avoir ainsi menacé et insulté? Allons, il reviendra, et en effet, par ordre du saint, l'oiseau reparut et reprit ses habitudes.

sans accident au terme de son voyage. Comme on se souvenait toujours de ses bienfaits, de ses vertus et de ses miracles, son arrivée causa une joie universelle; tous se pressaient autour de lui, tous voulaient toucher ses vêtements et recevoir sa bénédiction. Son dessein dans cette visite était d'avertir les habitants des dangers auxquels ils allaient être exposés au milieu des guerres qui désolaient le pays, et en même temps de les rassurer parce qu'il avait appris par révélation que son cher prieuré ne souffrirait aucun dommage. Comme il savait que le jour de son trépas approchait, il reprit en toute hâte le chemin de son monastère.

A peine arrivé, il se sentit tout à fait affaissé et saisi de douleurs d'entrailles très aiguës. Etendu sur son cilice, il fut pendant trois semaines en proie à des douleurs excessives. Dans cette dernière lutte, il se fortifiait par la communion, par le chant des divins cantiques de l'Eglise et spécialement par le *Veni Creator* qu'il répétait jour et nuit. Il n'avait point oublié la promesse que la sainte Vierge avait daigné lui faire pour l'heure de la mort; il l'invoquait avec la plus tendre dévotion et une effusion de cœur comme si elle avait été présente.

On ne saurait exprimer la douleur de l'abbé Hamelin et de ses religieux. Ceux-ci se disputant le bonheur d'assister le saint, il fut décidé que chacun viendrait à tour de rôle pour qu'ils jouissent tous quelques instants des suaves parfums de charité qui s'exhalaient d'une âme toute en Dieu. L'un d'eux se trouvant tourmenté par des pensées mondaines qui auraient fini par l'entraîner hors de son devoir, le saint mourant jeta sur lui un regard plein de tendresse : mon Frère, mon Frère, lui dit-il, allez découvrir au Père Abbé les pensées qui assiègent votre esprit. Le moine profita de l'avis; il alla sur le champ ouvrir son âme à l'abbé, et revint joyeux remercier le saint de lui avoir rendu la paix.

Arrivé au terme, Girard déposa les instruments de pénitence, les cercles et le collier de fer et la masse de plomb; il ne garda que le cilice sur lequel il voulait consommer son sacrifice. Il se confessa, il reçut le divin viatique et la sainte onction des mourants. L'agonie fut longue et bien douloureuse. Enfin le dimanche matin (4 novembre 1123) quelque temps après l'office de la nuit, il parut avoir un sentiment très vif de la présence de la très sainte Vierge ; il s'écria les bras levés vers le ciel, avec l'accent d'une tendresse ineffable : « O Souveraine des cieux, source intarissable de miséricorde, recevez votre pauvre petit serviteur sous vos ailes tutélaires ; daignez me présenter vous-même au Seigneur ! » En prononçant ces mots, il expira.

Le fidèle serviteur était donc entré

dans la joie de son maître. A peine avait-il fermé les yeux qu'on eut la preuve qu'il était déjà *couronné de gloire et d'honneur.* Son visage resplendit aussitôt de l'éclat de la lumière céleste, pendant que les autres parties du corps conservaient les nobles cicatrices de ses admirables mortifications.

L'évêque d'Angers, René de Martigné, voulut présider lui-même les funérailles. Une foule immense d'ecclésiastiques, de religieux, de laïques de toutes conditions, remplissait la vaste enceinte de l'église. Tous fondaient en larmes, tous voulaient toucher le cercueil, baiser le cilice et les autres vêtements, et contempler le visage toujours rayonnant d'un merveilleux éclat. Pendant ce temps, les religieux chantaient l'office des morts, leurs voix étaient souvent entrecoupées par des pleurs. Mais la douleur était tempérée par une telle suavité d'espérance et de joie, dit le P. Chamard, qu'on ne savait si c'était un mort qu'on portait en terre, ou un vainqueur que l'on accompagnait dans son triomphe.

Le corps fut déposé dans une chapelle de la basilique; il fut plus tard transféré dans une châsse en vermeil, et la tête fut renfermée dans un chef d'argent.

X

A peine Girard était-il mort, qu'il reçut les honneurs que l'Eglise rend aux saints. Un concours extraordinaire se fit autour du glorieux tombeau tant pour honorer le saint que pour solliciter des grâces du thaumaturge. L'historien contemporain raconte quatre-vingts guérisons miraculeuses en protestant qu'il ne rapporte que celles dont il avait une connaissance particulière. Dans cette série sont représentées toute les villes de l'Anjou et des pays voisins, Château-

Gontier, la Flèche, Sablé, Durtal, Segré, Pouancé, Châteaubriant, Fougères, le Mans, Beaumont-le-Vicomte. Je rapporterai seulement quelques-uns de ces miracles, ceux qui sont plus propres à inspirer de la confiance et de la dévotion pour le saint thaumaturge.

Le récit suivant est emprunté au P. Chamard : je ne me permettrai pas d'y changer un mot :

« Un homme nommé Chrétien souffrait horriblement d'une tumeur à la gorge si grave et si considérable qu'elle l'empêchait de parler et même d'avaler aucune nourriture. Il tomba dans une langueur que les médecins le regardaient comme désespéré. Un jour il se sentit inspiré de recourir à l'intercession de saint Girard mort tout récemment, et dont on racontait déjà bien des merveilles. Il se rendit donc à l'église de Saint-Aubin, et selon la pieuse coutume des pèlerins d'alors, il passa dévotement la nuit couché sur la pierre du sépulcre; il y fut tout à coup saisi d'un léger sommeil; et aussitôt un homme environné d'une lumière céleste se présenta à lui, et d'un air gracieux lui demanda pourquoi il était venu dans cette église : eh! répondit le malade, je suis venu demander à l'homme de Dieu, dont voici la tombe, de vouloir bien me guérir de mon infirmité. Prenez alors, repartit le bienheureux, prenez ce petit morceau de pain, et mangez-le avec confiance. En achevant ces mots, la vision disparut. Chrétien plaça joyeusement le pain sur son sein, et s'étendit de nouveau sur le tombeau du saint; mais à peine avait-il pris un instant de repos, qu'il fut réveillé par une immense clarté qui remplit toute la basilique. En même temps une odeur d'une suavité toute céleste le transporta comme dans un monde nouveau. Cependant l'aurore s'était levée; Chrétien quitta l'église, et s'empressa d'aller exécuter dans sa maison l'ordonnance de son céleste médecin. Il s'assit sur un escabeau, seul meuble à peu près de son humble demeure ; puis il tira de son sein le morceau de pain qu'il avait reçu en vision, il le réduisit en miette dans un verre, y mêla un peu d'eau et l'avala sans difficulté. La nuit suivante, saint Girard lui apparut de nouveau, toucha légèrement son mal et le rendit à la santé la plus parfaite. Ce brave homme, depuis cette époque, publiait à tous ceux qui voulaient l'entendre la grande puissance de Girard au ciel. Il avouait avec ingénuité dans la déposition juridique qu'il en fit, qu'il n'avait pu voir le visage du bienheureux caché derrière une éblouissante lumière, mais qu'il avait aperçu distinctement briller sur sa poitrine une croix étincelante de pierres précieuses, à la place de celle de plomb que sur cette terre il avait portée avec un courage si héroïque. »

Deux femmes, Eudes et Oiga, atteintes toutes deux du même mal que Chrétien, la dernière en punition de ce qu'elle avait travaillé sur la journée du dimanche, furent également guéries au tombeau du saint. On compta un jour vingt-six infirmes qui avaient les membres contractés, les mains ou les pieds desséchés ou gravement ulcérés, guéris de leur mal par notre bienheureux.

Une femme malheureuse, nommée Maria, ayant eu les jambes brûlées par son mari, homme colère et débauché, non seulement souffrait de très vives douleurs, mais elle était réduite à l'impuissance absolue de faire usage de ses membres dont les nerfs s'étaient retirés : sans espoir dans les moyens humains, elle recourut à saint Girard : pendant qu'elle lui adressait les prières les plus ferventes, au même moment ceux qui l'accompagnaient purent voir ses jambes s'allonger et la vie reprendre ses fonctions dans ses membres inanimés tandis que son visage reprenait son coloris habituel. Elle se leva alors sans aucun secours; elle était guérie.

Texia était depuis cinq ans horriblement tourmentée par un démon : on l'amena de force à Saint-Aubin; à peine avait-elle touché le tombeau du saint, qu'elle était délivrée du tyran qui l'opprimait. C'était une pauvre femme du peuple; elle revenait pensive dans sa maison, réfléchissant sur la manière dont elle pourrait se procurer l'argent nécessaire pour acheter un cierge qu'elle ferait brûler devant le tombeau, lorsqu'un moine, le front couronné d'une auréole de gloire, se présente à elle devant la porte de l'église, lui offre une petite pièce d'argent très pur et disparaît. Texia, au comble de ses vœux, court chez le changeur qui lui compte trois oboles avec lesquelles elle se hâte d'acheter un beau cierge, et va le faire brûler en l'honneur de son libérateur. Toute la ville d'Angers retentit du bruit de ce prodige, ajoute le narrateur contemporain.

Nous ne pouvons pas omettre l'histoire suivante, parce qu'elle est trop édifiante : Un habitant de Bourg non loin de Briollay, depuis longues années paralysé de tous ses membres, désirait vivement se rendre en pèlerinage au tombeau de saint Girard. Comme il était très pauvre, son excellent maître, Alerme de Charence, se fit un plaisir de le conduire dans la basilique de Saint-Aubin. Ils arrivèrent à Angers le 2 août. Ils se rendirent aussitôt à l'église pour assister à l'office de la nuit qui commençait vers deux heures du matin. Pendant que l'infirme et son noble conducteur, agenouillés devant le tombeau, priaient avec confiance et une profonde dévotion, tout à coup, pendant que les moines chantaient encore les psaumes, le paralytique se redresse par un mouvement instinctif; il marche, il saute de joie, il était guéri. Il y eut alors dans la basilique comme une explosion d'action de grâces. On remarquait surtout le seigneur Alerme de Charence, qui, dans son allégresse, ne savait comment exprimer sa reconnaissance envers Dieu et envers son serviteur saint Girard. On eut dit qu'il était lui-même l'objet de la faveur que venait de recevoir son serf.

Les moines de Saint-Aubin, témoins de ces innombrables prodiges, témoins des vœux unanimes de la province, ne tardèrent pas à décerner les honneurs du culte public à leur saint confrère. Autorisés sans doute par l'évêque d'Angers, ils dressèrent un autel près de son tombeau, consacré sous son vocable. La fête fut fixée au 4 novembre, jour de sa mort. Cette fête fut très populaire; on y voyait un grand concours le jour et pendant l'octave. On rapporte que deux sourds-muets de naissance, de Beaumont-le-Vicomte, dans le Maine, peut-être le frère et la sœur, y vinrent une année, et furent délivrés de leur infirmité.

Un office propre fut composé pour célébrer les vertus et les miracles du bienheureux : « Que le chœur des moines, s'écrie le poète dans l'hymne, retentisse de nouvelles mélodies ! L'antique souche de saint Benoît produit encore de nouveaux rejetons. Que les cénobites écoutent les gestes merveilleux de Girard, que je vais raconter pour qu'ils nous servent de flambeau dans le chemin ténébreux de la vie. Enfant, il a pour lui la noblesse de la naissance : savant, il foule aux pieds les vanités du monde. Pour se rendre agréable à Dieu, il s'impose un joug pesant à la nature ; par le fer, la faim et la soif, il dompte son corps qui ne connut jamais que l'innocence. Le serpent, le renard, les oiseaux, Satan, les tyrans, reconnaissent tour à tour son empire. Avec un signe de croix, une prière, un simple attouchement, il opère des prodiges, et les consciences mêmes n'ont pas de secrets pour lui. »

Le corps du bienheureux Girard demeura exposé sur l'autel qui lui était consacré : en 1693 il fut transféré dans une nouvelle chapelle élevée en son honneur; c'est là qu'il fut honoré jusqu'à la fin du dernier siècle. A cette époque néfaste, ses ossements sacrés, comme ceux de tous les autres saints honorés à Saint-Aubin, furent cachés secrètement dans le cimetière de Saint-Laud; mais après la tempête, malgré les indications données à M. Lebastard, curé de Saint-Laud, il fut impossible de retrouver le précieux trésor.

Il n'est pas permis de terminer l'histoire d'un saint modèle de toutes les vertus, sans faire de sérieuses réflexions et prendre de solides résolutions ; mais quelles réflexions et quelles résolutions ? c'est Bossuet qui va nous l'apprendre. Ce grand homme, faisant l'éloge de saint François de Paule, pénitent, mortifié comme notre bienheureux, fait à la fin de son discours des réflexions qui me semblent tout à fait appropriées à notre sujet. Voici comment il s'exprime :

« Le saint homme ayant donné dès sa tendre enfance des marques d'une piété extraordinaire, il y a grande apparence qu'il a toujours conservé l'intégrité baptismale ; et ce sont ces âmes que Dieu chérit, ces âmes toujours fraîches et toujours nouvelles, qui gardent inviolablement leur première fidélité, après une longue suite d'années paraissent telles devant sa face, aussi saintes, aussi innocentes qu'elles sortirent des eaux du baptême, et c'est ce qui me confond. O Dieu de mon cœur ! quand je considère que cette âme si chaste, si virginale, cette âme qui est toujours demeurée dans la première enfance du saint baptême, fait une pénitence si rigoureuse, je frémis jusqu'au fond de l'âme. Fidèles, quelle indignité ! Les innocents font pénitence, et les criminels vivent dans les délices !

» O sainte pénitence, autrefois si honorée dans l'Eglise, en quel endroit du monde t'es-tu maintenant retirée? Elle n'a plus aucun rang dans le siècle ; rebutée de tout le monde, elle s'est jetée dans les cloîtres.... et nous qui demeurons dans les attachements de la terre.... nous nous moquons de la pénitence, qui est le seul remède de nos désordres. Consultons dans nos consciences : Sommes-nous véritablement chrétiens? Les chrétiens sont les enfants de Dieu, et les enfants de Dieu sont poussés par l'Esprit de Dieu ; et ceux qui sont poussés par l'Esprit de Dieu, la charité de

Jésus les presse. Hélas ! oserions-nous dire que l'amour de Jésus nous presse, nous qui n'avons d'empressement que pour les biens de la terre, qui ne donnons pas à Dieu un moment de temps bien entier ? Chauds pour les intérêts du monde, froids et languissants pour le service du Sauveur Jésus, nous ne voulons point nous faire de violence, nous voulons trop avoir nos commodités, et les commodités nous mènent insensiblement dans les voluptés : ainsi accoutumés à une vie molle, nous ne pouvons souffrir le joug de Jésus. Nous nous impatientons contre Dieu des moindres disgrâces qui nous arrivent, au lieu de les recevoir de sa main pour l'expiation de nos fautes ; et dans une si grande délicatesse, nous pensons pouvoir honorer les saints ? Est-ce les honorer que de condamner leur vie par une vie toute opposée? Est-ce les honorer que d'entendre parler de leurs vertus, et n'être pas touchés du désir de les imiter? Est-ce honorer les saints, que de regarder le chemin par lequel ils sont montés dans le ciel, et de prendre une route contraire?

» Allons donc tous ensemble, fidèles, allons rendre les vrais honneurs à l'*humble religieux*. Je vous ai apporté en ce lieu des reliques de ce saint homme : l'odeur qui nous reste de sa sainteté, et la mémoire de ses vertus, c'est ce qu'il a laissé sur la terre de meilleur et de plus utile : ce sont les reliques de son âme. Baisons ces précieuses reliques, enchâssons-les dans nos cœurs comme dans un saint reliquaire. Ne souhaitons pas une vie si douce et si aisée, ne soyons pas fâchés quand elle sera détrempée de quelques amertumes. Le soldat est trop lâche qui veut avoir tous les plaisirs pendant la campagne ; le laboureur est indigne de vivre, qui ne veut point travailler avant la moisson. Et toi, dit Tertulien, tu es trop délicat chrétien, si tu désires des voluptés même dans le siècle. Notre temps de délices viendra, c'est ici le temps d'épreuve et de pénitence. Les impies ont leur temps dans le siècle, parce que leur félicité ne peut pas être éternelle : le nôtre est différé après cette vie, afin qu'il puisse s'étendre dans les siècles des siècles. Nous devons pleurer ici-bas pendant qu'ils se réjouissent ; quand l'heure de notre triomphe sera venue, ils commenceront à pleurer. Gardons-nous bien de rire avec eux, de peur de pleurer aussi avec eux ; pleurons plutôt avec les saints, afin de nous réjouir en leur compagnie. Gémissons en ce monde comme a fait notre bienheureux ; soyons imitateurs de sa pénitence, et nous serons compagnons de sa gloire. Amen. »

Adressons en terminant, dit le P. Chamard, adressons à ce grand serviteur de Dieu cette belle invocation qui forme l'un des répons de son ancien office :

« Très saint Père, notre protecteur, ô bienheureux Girard, nous trouvons dans votre vie si merveilleuse et dans la gloire qui l'a couronnée, le sujet d'un magnifique cantique au Créateur; mais nos voix sont trop faibles et peu agréables par elles-mêmes ; présentez donc vous-même nos prières devant le trône de Dieu, près duquel vous êtes assis, afin qu'élevés et soutenus par votre protection, nous méritions d'être associés un jour à la récompense de vos vertus. Amen. »

18814 — Laval, imprimerie Chailland.

www.ingramcontent.com/pod-product-compliance
Ingram Content Group UK Ltd.
Pitfield, Milton Keynes, MK11 3LW, UK
UKHW012250240726
13966UKWH00004B/1357